Lili, la petite grenouille

1

Activités

Sylvie Meyer-Dreux

Unité 1

Histoire 1. Album p. 4 et 5.

1	**2**

3	**4**

Unité 2

Histoire 1. Album p. 6 et 7.

1

2

3

4

5

Histoire 1. Album p. 8 et 9.

Unité 4

Histoire 1. Album p. 10 et 11.

Histoire 1. Album p. 10 et 11.

 **1**  **2**

1

2

3

4

5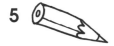

6

7

8

1

2

Unité 5

Histoire 1. Album p. 12 et 13.

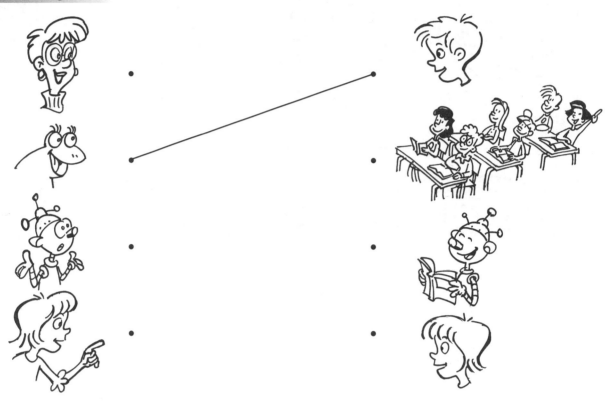

2

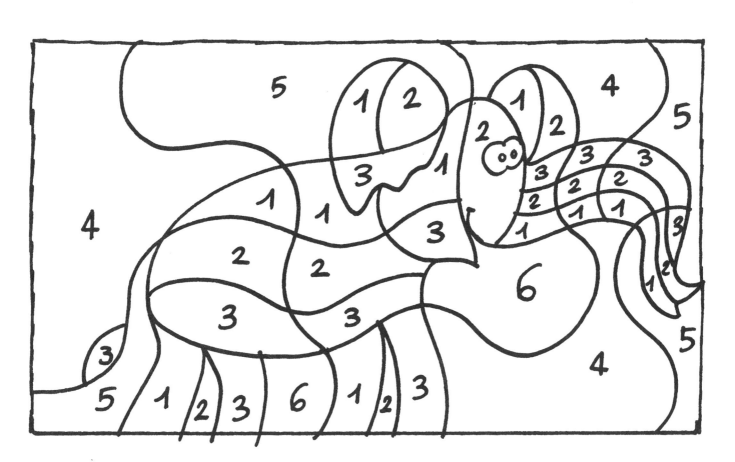

Unité 6

Histoire 1. Album p. 14 et 15.

1

2

Unité 7

Histoire 1. Album p. 16 et 17.

1

1

2

Unité 8

Histoire 1. Album p. 18 et 19.

□ □ □ □

1 □ □ □

Unité 1

Histoire 2. Album p. 22 et 23.

1

2

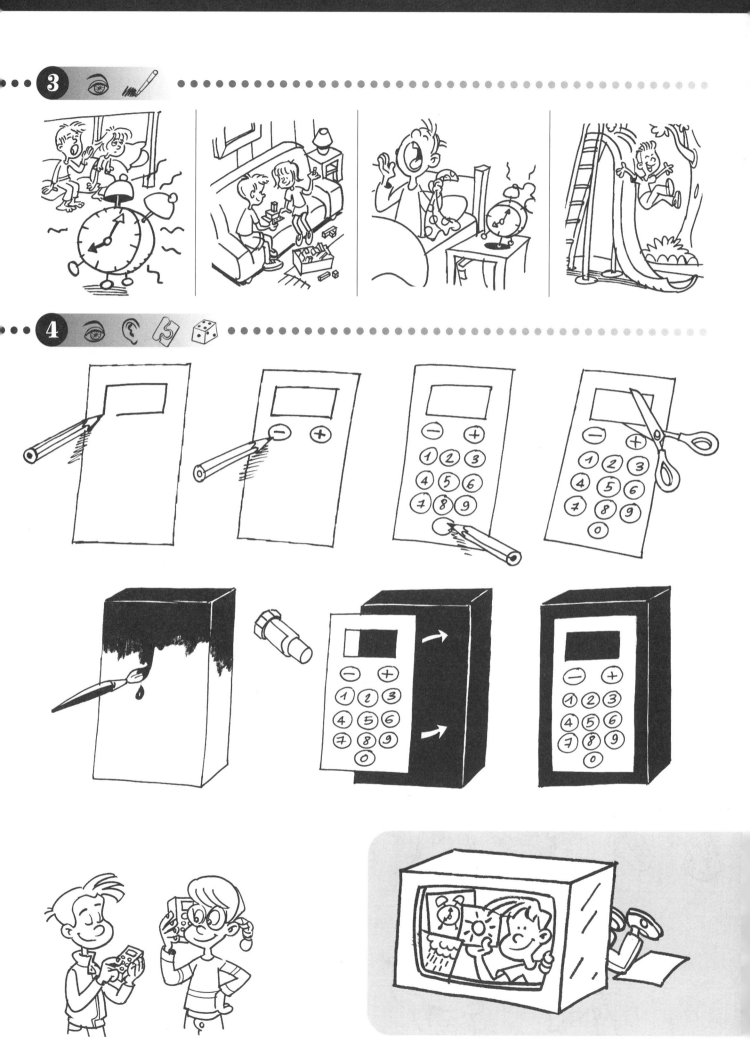

Unité 2

Histoire 2. Album p. 24 et 25.

BOÎTE DE CONSERVE

ÉLASTIQUE
RUBAN ADHÉSIF
SACHET DE PLASTIQUE

2 BÂTONS À BROCHETTE
COTON
FEUILLES PAPIER COULEUR
RUBAN ADHÉSIF

20

Unité 3

Histoire 2. Album p. 26 et 27.

1 👁 👂 💡 ✏️ 👄

2 👁 👂 ✏️

SPLAATCH!

SPLAATCH!

①

②

Unité 4

Histoire 2. Album p. 28 et 29.

1

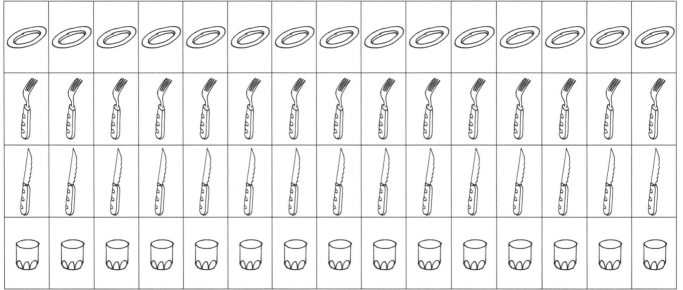

2

24

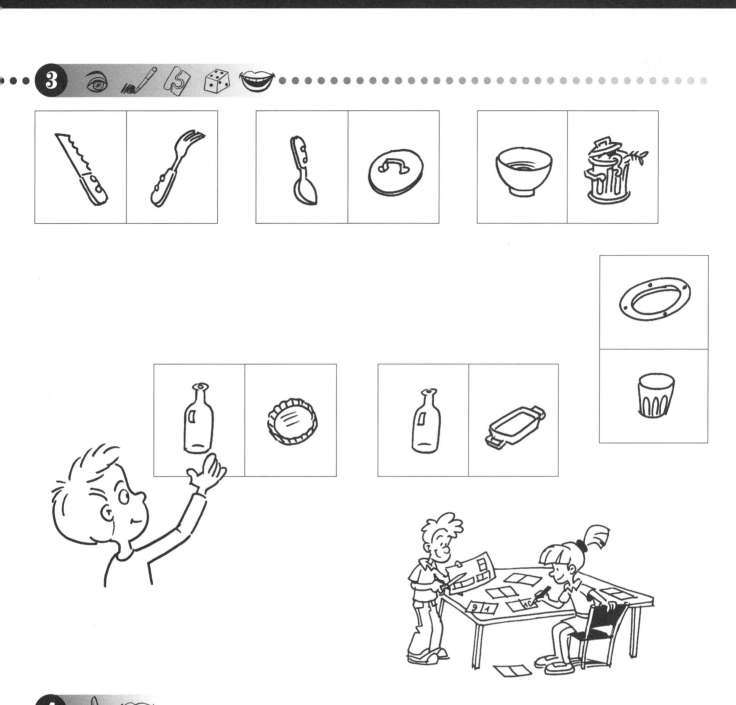

Unité 5

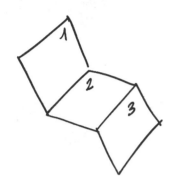

  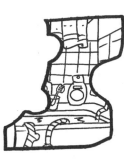 

LUNDI	MARDI	MERCREDI

JEUDI	VENDREDI	SAMEDI

DIMANCHE

Unité 7

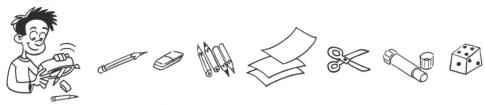

Histoire 2. Album p. 34 et 35.

1

2

toi

30

ARRIVÉE

DÉPART

LILI

MAL À...

31

Unité 8

Histoire 2. Album p. 36 et 37.

1

☐ ☐ ☐

☐ ☐

☐ ☐ ☐

2

32

1 👁 ✏️ 🎲

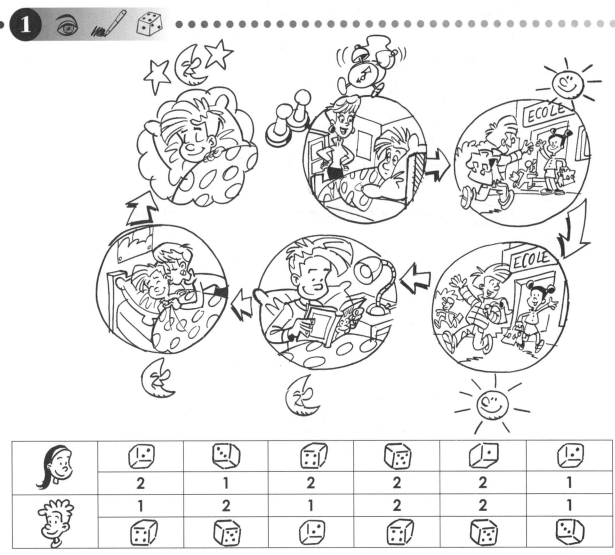

👧	[.]	[:]	[⁙]	[⁙]	[⁛]	[:]
	2	1	2	2	2	1
👦	1	2	1	2	2	1
	[⁙]	[⁙⁙]	[.]	[⁙]	[⁙]	[⁙]

?

2 👁 👂 🎲

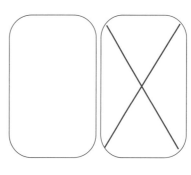

Unité 3

Histoire 3. Album p. 44 et 45.

1

♡

2

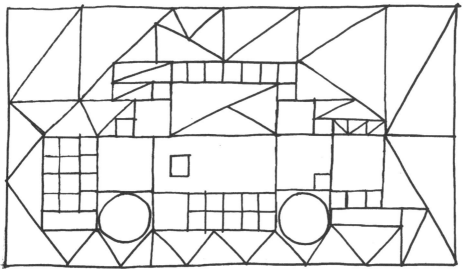

Histoire 3. Album p. 46 et 47.

1

2

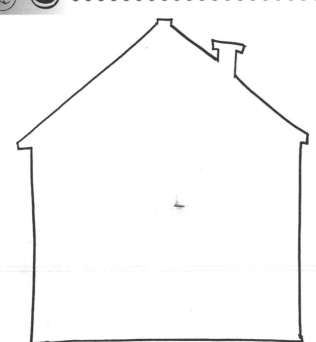

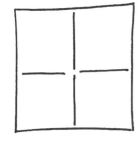    

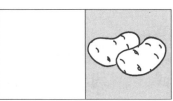   

    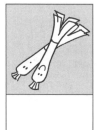

  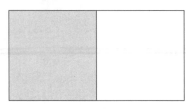 

2	1
1	2

43

Unité 8

Histoire 3. Album p. 54 et 55.

Album p. 54 et 55.

1

□ □ □

□ □

□ □ □

2

Transcription de la cassette audio

Conte n° 1 : Il était une fois... au pays des animaux

• Unité 1

Activité numéro 1 | Écoute et entoure les deux bonnes images. C'est le frère de Léa. Il y a 2 enfants et 1 ordinateur dans la chambre.

Activité numéro 2 | Entoure la chambre où il y a un robot.

Activité numéro 3 | Écoute et coche le bon dessin. Dans la chambre, il y a 1 enfant et 2 robots.

Activité numéro 4 | Écoute et dessine. 1. Dessine un garçon. 2. Dessine une fille. 3. Dessine un garçon et une fille. 4. Dessine un robot.

• Unité 2

Activité numéro 1 | Écoute et entoure la bonne image. *Garçon 1* : À moi. *Garçon 2* : À moi. *Garçon 2* : À toi.

Activité numéro 2 | Regarde l'exemple : Image numéro 1 : Le garçon est content ! Image numéro 2 : Le garçon n'est pas content ! Écoute, regarde et complète. *Garçon 1 (très rieur)* : Ah... il y a un robot dans la chambre ! *Garçon 2 (très mécontent)* : Pffff... à moi... donne-moi la souris ! *Garçon 1 (très mécontent)* : Non... non... à moi... donne-moi le robot ! *Garçon 2 (très content)* : Oui... oui... il y a un ordinateur dans la chambre !

Activité numéro 3 | Écoute et colorie les bons dessins. *Dame* : 1. Donne-moi le soleil. 2. Donne-moi la lune. 3. Donne-moi l'ordinateur. 4. Donne-moi la souris de l'ordinateur.

Activité numéro 4 | Regarde, écoute et coche la bonne image. C'est dans une chambre. Il y a un garçon et un ordinateur avec une souris.

• Unité 3

Activité numéro 1 | Écoute : qui parle ? Léo ? Léa ? Lili ? Le robot ? Colorie qui parle. *Le robot* : Qui sort de l'ordinateur ? *Léa* : Voilà Lili la petite grenouille. *Léo* : Donne-moi la souris de l'ordinateur ! *Lili* : Il est petit le robot. *Léa* : Bonjour, la jolie petite grenouille.

Activité numéro 2 | Écoute et entoure : qui pose des questions ? Le garçon ? Lili ? La dame ? Le monsieur ? *Le garçon* : Qu'est-ce qu'elle fait Lili ? *Lili* : Moi,... je m'appelle Lili la grenouille. *La dame* : Et toi... comment tu t'appelles ? *Le monsieur* : Au revoir, les enfants !

Activité numéro 3 | Écoute et dessine le bon chemin : 1. Elle sort de l'ordinateur. – 2. Il sort de l'ordinateur. – 3. Il sort de la chambre. – 4. Elle sort de la chambre. – 5. Elle sort de la maison. – 6. Il sort de la maison.

Activité numéro 4 | Dessine une grande maison... une petite maison... et un grand soleil.

• Unité 4

Activité numéro 1 | Écoute et colorie les crayons : 1. rose. 2. vert. 3. rouge. 4. bleu. 5. jaune. 6. blanc. 7. noir et 8. toutes les couleurs !

Activité numéro 2 | Écoute. Relie la bonne couleur aux animaux et colorie : 1. Une grenouille : elle est rose. – 2. Un chien : il est noir. – 3. Une vache : elle est rouge. – 4. Un canard : il est bleu. – 5. Une poule : elle est jaune. – 6. Un mouton : il est vert. – 7. Un chat : il est blanc. – 8. Et le cheval ? Colorie le cheval : il est de quelle couleur ?

Activité numéro 3 | Écoute et colorie la case en jaune quand tu entends (o), colorie la case en vert quand tu entends (a). Qui est-ce ? Qu'est-ce que c'est ? Un canard – une vache – un robot – un cheval – un ordinateur – Léo – un chat – un soleil.

Activité numéro 4 | Regarde le dessin de la ferme numéro 1. Regarde le dessin de la ferme numéro 2. Cherche ce qui n'est pas pareil dans la ferme numéro 2. Colorie ce qui n'est pas pareil dans la ferme numéro 2. Qu'est-ce que c'est ?

• Unité 5

Activité numéro 1 | Regarde, écoute et relie. Qui parle à qui ? *Lili* : Léo, répète la formule magique do... da... du. *La maîtresse* : Les enfants, répétez avec moi la chanson. *Le robot* : Léa, où est le livre ? *Léa* : Là... il est sur la table, regarde !

Activité numéro 2 | Entoure tous les animaux du zoo. Colorie en rose la vache, la poule et la girafe. Colorie en bleu tous les autres animaux. Qu'est-ce que tu comprends ? Parle.

Activité numéro 3 | Regarde, écoute et colorie : 1. La girafe verte est devant la girafe grise. 2. La girafe blanche est derrière la girafe grise. 3. Le singe vert est sur la girafe verte. 4. Le singe blanc est sur la girafe blanche. 5. Le singe gris est sur la girafe grise. Qui gagne ?

Activité numéro 4 | Écoute et colorie : 1. bleu. 2. blanc. 3. rouge. 4. vert. 5. jaune. 6. noir. Qu'est-ce que c'est ? Parle.

• Unité 6

Activité numéro 1 | Colorie en bleu les images 1, 2, 3 et 4. Colorie en rose les images 5, 6, 7 et 8. Regarde le garçon 1. Qu'est-ce qu'il fait ? Il danse. Regarde la fille 6. Qu'est-ce qu'elle fait ? Elle danse. Elle fait comme le garçon 1 ! Regarde les garçons. Cherche les filles qui font comme les garçons. Relie les images. Qu'est-ce qu'il fait ? Qu'est-ce qu'elle fait ? Qu'est-ce qu'ils font ?

Activité numéro 2 | Écoute et regarde. De qui parle Lili ? Colorie en rouge les bonnes cases : *Lili* : Une fille joue à cache-cache. Elle compte 1, 2, 3, 4, 5... *Lili* : Un garçon danse avec un monsieur ? Ils dansent bien tous les deux ! *Lili* : Un garçon mange. Il mange un gâteau. *Lili* : Une fille chante une chanson avec une dame. Elles chantent très bien toutes les deux ! **Qu'est-ce que tu comprends ?**

Activité numéro 3 | Écoute et colorie la case en orange quand tu entends (i), colorie la case en marron quand tu entends (l). Qui est-ce ? Qu'est-ce que c'est ? Un pyjama – un lion – un chat – une souris – un éléphant – un robot – un ordinateur – un cheval.

Activité numéro 4 | Lulu, le petit garçon, et Lola, la petite fille, vont au pays des animaux amusants. Qui va par les cases où c'est drôle ? Qui va au pays des animaux rigolos ? Lulu ? Lola ? Entoure.

• Unité 7

Activité numéro 1 | Regarde, écoute. Devinette : cherche qui est-ce ? *Fille + garçon* : On chante. *Singe* : Moi, je danse. *Fille + garçon* : On est derrière un arbre. *Fille* : Il est derrière moi. *Singe* : Elle est devant moi. *Singe + fille + garçon* : On est au zoo – on joue – on mange. *Singe* : Moi, je mange un gâteau. Je ne suis pas une fille. – Je suis petit. – Qui suis-je ? **Cherche. Qui est-ce ? Colorie en rouge.**

Activité numéro 2 | Regarde le dessin numéro 1. Regarde le dessin numéro 2. Cherche et colorie ce qui n'est plus pareil dans le dessin numéro 2. Qu'est-ce qui se passe ?

Activité numéro 3 | Lili, la petite grenouille, a 3 crayons. Dessine les 3 crayons. Lulu, le petit garçon, lui, a 2 crayons. Dessine les deux crayons. Lola, la petite fille, elle, a 5 crayons. Dessine les cinq crayons. Colorie tous les crayons. Compte les crayons : combien de crayons ?

• Unité 8 « Je sais dire » comme le robot !

Activité numéro 1 | Regarde toutes les images de l'histoire « Il était une fois... au pays des animaux ». Cherche et écris le bon numéro. Raconte l'histoire.

Activité numéro 2 | Regarde. Qui est-ce ? Tu sais ? Quand tu sais, tu colories.

Activité numéro 3 | Regarde. Qu'est-ce que c'est ? Tu sais ? Quand tu sais, tu colories. Tu sais toutes les couleurs ?

Activité numéro 4 | Regarde. Où est-ce ? Tu sais ? Quand tu sais, tu colories. Où est Lili ? Quand tu sais, tu colories Lili.

Activité numéro 5 | Regarde. C'est quand ? Tu sais ? Quand tu sais, tu colories. Alors, tu sais tout !!! Bravo ! Tu sais très bien ? Tu sais bien ? Tu ne sais pas encore ? Colorie la bonne Lili.

Conte n° 2 : Il était une fois... dans la maison des musiciens

• Unité 1

Activité numéro 1 | Regarde. Lance le dé... 2. Qu'est-ce qu'elle fait ? Elle écoute la musique. Colorie la case en rose. Lance le dé... 5. Qu'est-ce qu'il fait ? Il écoute la musique. Colorie la case en bleu. **Lance le dé**... 5. Qu'est-ce qu'ils font ? Ils écoutent la musique. **Colorie la case en violet. Lance le dé...** et complète toutes les cases. Qu'est-ce que tu comprends ?

Activité numéro 2 Regarde... une télévision, une radio, un téléphone, un magnétophone, un micro. Relie avec un trait rouge quand tu regardes. Relie avec un trait bleu quand tu écoutes. Relie avec un trait vert quand tu parles.

Activité numéro 3 Regarde. C'est quand ? Colorie en jaune quand c'est le matin. Colorie en orange quand c'est l'après-midi.

Activité numéro 4 Regarde, écoute et fabrique : dessine un grand rectangle sur la feuille blanche. Dessine un rond avec le signe moins. Colorie le rond en rouge. Dessine un rond avec le signe plus. Colorie le rond en vert. Dessine dix ronds comme sur l'image et écris les chiffres 1, 2, 3, 4, 5, 6, 7, 8, 9 et 0. Découpe le grand rectangle. Colorie en bleu une boîte et colle sur la boîte. Et voilà, c'est ton téléphone ! Tu joues avec un ami.

Parle dans la télévision : Quel temps ?

• Unité 2

Activité numéro 1 Regarde, écoute et fabrique un tambour et une batterie. Le tambour : 1. Colorie une boîte avec de la peinture blanche, verte et grise. 2. Pose une feuille de plastique et mets un élastique. 3. Coupe. 4. Colle le ruban adhésif sur le papier et l'élastique. **La batterie : 1.** Fais une boule avec le papier. 2. Colle le ruban adhésif sur la baguette. **Tu joues du tambour ou tu joues de la batterie ?**

Activité numéro 2 Regarde... le violon, le saxo, le piano, le triangle et le tambour. Colorie en bleu. Regarde la flûte, la clarinette, la guitare et la batterie. Colorie en rose. Colorie les animaux... Tu sais... la girafe blanche et grise, le zèbre orange, la vache verte... Qui joue du violon ? Qui joue de la flûte ? Relie un animal à un instrument et dis ce qu'il joue. Qu'est-ce que tu comprends ?

Activité numéro 3 Regarde, écoute et fabrique un badge. 1. Dessine un rond et 2. Découpe le rond. 3. Colle l'épingle avec du ruban adhésif. 4. Dessine ton instrument. **Regarde Lili, elle a un badge avec une batterie : elle joue de la batterie. Et toi ?**

Activité numéro 4 **Regarde et écoute :** Lili : Moi, Lili, je joue de la batterie. C'est ma batterie. Toi, Léo, tu joues de la guitare. C'est ta guitare. Lui, Lulu, il joue de la flûte. C'est sa flûte. Elle, Léa, elle joue de la clarinette. C'est sa clarinette. Garçon : Et moi, je joue du tambour. C'est mon tambour. Lili : Oui, et toi, Lola, tu joues du violon. C'est ton violon. Lui, il joue du piano. C'est son piano. Et elle, elle joue du saxo. C'est son saxo. **Colorie les badges en rose ou en bleu. Relie une personne à un badge. Qu'est-ce que tu comprends ? Parle dans la télévision : Tu es le chef d'orchestre.**

• Unité 3

Activité numéro 1 Regarde, écoute. Lulu : Est-ce que je peux faire du tambour ? Garçon + fille : Nous aussi, on veut faire du tambour. **Qui parle ? Cherche et colorie en rouge. Qui est-ce ?**

Activité numéro 2 Le loto sonore. Regarde et écoute : Colorie en jaune quand tu entends 2 fois le son (p) dans un mot. Colorie en vert quand tu entends 2 fois le son (e) dans un mot. Éléphant, regarder, écouter, canapé, Léo, parler, télévision-canapé, piano, hippopotame, pluie, poule, tapis, il est petit.

Activité numéro 3 Le jeu de l'échelle. Regarde : Colorie en bleu les mots avec un ou le comme un tapis, le tapis. Colorie en rose les mots avec une ou la comme une chaise, la chaise. Joue avec un ami ou une amie. Tu vas du tapis au plafond et du plafond au tapis comme Lili ! Tu peux avancer comme sur le dessin 1. Tu ne peux pas avancer comme sur le dessin 2. Qui gagne ?

Parle dans la télévision : Quel jeu veux-tu faire ?

• Unité 4

Activité numéro 1 Regarde. Il y a dix enfants qui mangent. Un enfant a une assiette, un verre, une fourchette et un couteau. Colorie en rose le nombre d'assiettes et le nombre de fourchettes. Colorie en bleu le nombre de couteaux et le nombre de verres. Combien ?

Activité numéro 2 Regarde et colorie en rose la tête... en bleu le ventre, le dos, le bras. Regarde les enfants et relie. Ils ont mal où ? Parle.

Activité numéro 3 Le jeu de dominos. Regarde. Colorie en rose les mots avec une ou la. Colorie en bleu les mots avec un ou le. Qu'est-ce que tu comprends ? Oh, ça ne va pas, Léo ! Pourquoi ? Fabrique un autre domino et joue.

Activité numéro 4 Relie les chiffres. Qu'est-ce que c'est ?

Parle dans la télévision : Tu as mal où ?

• Unité 5

Activité numéro 1 Regarde. Un enfant numéro 1 dessine une partie du corps sur la feuille 1. Il donne la feuille à l'enfant numéro 2 qui dessine, aussi, une partie du corps. Il donne la feuille à l'enfant numéro 3 qui dessine, aussi, une partie du corps. Les trois enfants regardent : C'est un vrai bonhomme ? **Fais comme les enfants et joue avec deux amis.**

Activité numéro 2 Regarde les deux dessins. Oh, ça ne va pas dans un dessin ! Pourquoi ? Cherche quel dessin. Entoure.

Activité numéro 3 Le jeu du frère et de la sœur. Regarde. Dans le jeu, il y a 12 cartes. **Colorie les cartes :** Léo et sa sœur Léa. Ils sont français. Sonia et son frère Yacine. Ils sont marocains. Pauline et son frère Luc. Ils sont canadiens. **Complète les autres cartes.** Et toi, tu as un frère ? Une sœur ? Maintenant, on joue ! **Écoute :** Arthur : Jeanne, je veux la sœur de Victor. Elle est vietnamienne. Jeanne : Oui, j'ai la sœur de Victor. Elle s'appelle Marie. Arthur : Youpi !! J'ai le frère et la sœur. Une famille ! À toi Jeanne. Jeanne : Lucien, je veux le....

Activité numéro 4 Regarde et fabrique d'autres instruments de musique et... joue !

Parle dans la télévision : Tu veux faire de la gymnastique ou tu veux faire de la musique avec tes amis ?

• Unité 6

Activité numéro 1 Regarde et cherche les morceaux du puzzle de la salle de bains. Relie. Qu'est-ce que c'est ? Qu'est-ce qui se passe ?

Activité numéro 2 Regarde et cherche. Qu'est-ce qu'ils disent ? Où sont-ils ? Relie.

Activité numéro 3 Le jeu des 7 jours de la semaine. Qu'est-ce que tu fais le lundi, le mardi, le mercredi, le jeudi, le vendredi, le samedi et le dimanche ! Dessine et colorie : une couleur pour un jour. Fabrique les cartes pour jouer... comme sur ton cahier. Maintenant tu joues avec un ami ou une amie, ton frère ou ta sœur. **Écoute :** Dans le jeu, il y a 14 cartes. Pauline a 4 cartes, Victor a 4 cartes, Étienne a 4 cartes et il y a 2 cartes sur la table. **Qui commence ?** Pauline : 4. Victor : 3. Étienne : 2. Pauline, tu commences. Pauline : Victor, je veux le lundi. Victor : Tiens ! Pauline : Étienne, je veux le mardi. Étienne : Non, je n'ai pas le mardi... Victor, je veux le mercredi. Pauline : Youpi !!! le dimanche ! J'ai tous les jours ! Victor : Gagné ! **Qui a les 7 jours de la semaine ? Qui gagne ? À toi maintenant !**

Parle dans la télévision : Qu'est-ce qu'il a ? Qu'est-ce qu'elle a ?

• Unité 7

Activité numéro 1 Regarde la famille de Léo et Léa. Complète : relie et dis qui c'est.

Activité numéro 2 Dessine ta famille. Qui est-ce ? Comment s'appellent-ils ? Quel âge ont-ils ? À qui tu présentes ta famille ?

Activité numéro 3 Le jeu des 7 familles. Tu peux faire un jeu des 7 familles avec la famille de Léo et Léa, le famille de Victor, la famille de Pauline, le famille d'Étienne, la famille de Yacine et Sonia, ta famille... et la famille d'un ami ou d'une amie. Et tu joues... tu joues avec qui ?

Activité numéro 4 Le jeu de la maison. Colorie tout ce que tu sais. Joue avec un ami, ton frère ou ta sœur, ton père ou ta mère, ton papi ou ta mamie. Regarde bien les cases grises.

Parle dans la télévision : Tu peux te présenter ? Présente un ami ou une amie... Ta famille.

• Unité 8 Qu'est-ce que tu sais ?

Activité numéro 1 Regarde toutes les images de l'histoire « Il était une fois... dans la maison des musiciens ». Cherche et écris le bon numéro. Raconte l'histoire.

Activité numéro 2 Regarde. Qui est-ce ? Tu sais ? Quand tu sais, tu colories et tu dis : « Qui est-ce ? » Regarde le garçon : comment est-il ? Qu'est-ce qu'il dit ?

Activité numéro 3 Regarde. Qu'est-ce que c'est ? Tu sais ? Quand tu sais, tu colories et tu dis : « Qu'est-ce que c'est ? »

Activité numéro 4 Regarde. Où est-ce ? Tu sais ? Quand tu sais, tu colories et tu dis : « Où est-ce ? » Où est la brosse à dents ? Où est la brosse à cheveux ?

Activité numéro 5 Regarde. C'est quand ? Quel temps fait-il ? Alors, c'est « bravo » ? Très bien ? Bien ? Ou « je ne sais pas encore » ?

Conte n° 3 : Il était une fois... un marchand de sable

• Unités 1 et 2

Activité numéro 1 Regarde et colorie en jaune pour le jour, en bleu pour le soir et en gris pour la nuit. Joue avec un ami ou une amie ou avec tes parents. On lance le dé. Qu'est-ce qu'il faut dire ? On gagne 1 point pour le soir ou la nuit et 2 points pour le jour. On écrit les points sur une feuille. On joue 6 fois. Regarde l'exemple : qui a gagné ?

Activité numéro 2 Regarde. Je, tu, il, elle, nous, vous, ils, elles. Tu joues avec qui ? Sur la case « dormez », on reste 1 tour. Sur les autres cases, tu choisis : qu'est-ce que tu veux, « dormir » ou « raconter une histoire » ? Écoute : *Lili* : 3... ils... ils dorment ! *Léo* : 5... tu... tu racontes une histoire ! À toi...

Activité numéro 3 Le jeu de la bataille, la bataille du « jamais ». Regarde les cartes. Fabrique les mêmes cartes. On joue : 2 cartes pour Pauline... 2 cartes pour Victor. On ne voit pas les autres cartes. Pauline prend une carte « on lit » et « on ne lit jamais »... Super... 2 cartes qui vont ensemble ! Oh regarde... la carte « on dort »... On arrête le jeu ! On compte les cartes qui vont par 2. Qui a gagné ? Là, c'est Victor ! À toi... tu joues avec qui ?

Raconte une histoire qui se passe dans un pays du « jamais ».

• Unité 3

Activité numéro 1 Regarde en haut et en bas tout ce que tu fais à l'école... et tout ce qu'il faut au milieu. Colorie tout ce que tu connais : qu'est-ce que c'est ? Barre ce qui ne va pas ! Dessine ce que tu aimes faire. Qu'est-ce que c'est ?

Activité numéro 2 Regarde des mots qui sont dans les trois chansons de l'histoire « Il était une fois... un marchand de sable » que tu connais. Colorie avec une couleur quand tu entends le même son. Barre quand tu n'entends pas le même son.

Activité numéro 3 Léo va à l'école la nuit. Léa va à l'école le jour. Dessine le chemin de Léo : il va à droite des cases « récréation ». Dessine le chemin de Léa : elle va à gauche des cases « récréation ». Léo passe à côté de quelles cases ? Léa passe à côté de quelles cases ?

Activité numéro 4 Colorie les ronds en rose, les triangles en orange, les carrés en marron... et les rectangles en violet. Qu'est-ce que c'est ?

Raconte une histoire qui se passe à l'école... Tu es la maîtresse.

• Unité 4

Activité numéro 1 Regarde. Il y a une vraie rue avec des maisons, une place, des trottoirs, des arbres, des lampadaires, et des magasins. Et il y a une rue du sucre ! Cherche ce qui ne va pas dans les deux rues. Colorie. Qu'est-ce que c'est ?

Activité numéro 2 Dessine la rue de ton école et la rue où tu habites. Tu peux montrer les dessins et dire ce qu'il y a.

Activité numéro 3 Regarde le jeu de la rue du Sucre et dessine ce que tu aimes et ce que tu n'aimes pas. Qu'est-ce que c'est ?

Activité numéro 4 Avant de jouer au jeu de la rue du Sucre, colorie les mots avec *un*, *le* en bleu et les mots avec *une*, *la* en rose. Barre avec un crayon à papier ce que tu n'aimes pas. Écoute. *Garçon* : 3... un croissant... est-ce que je peux manger un croissant ? *Fille* : Oui, tu aimes les croissants. Tu gagnes un jeton. *Garçon* : 4... une sucette... est-ce que je peux manger une sucette ? *Fille* : Non, tu n'aimes pas les sucettes. Tu ne gagnes pas de jeton ! *Garçon* : 2... une glace. *Fille* : Qu'est-ce que tu veux. Une glace à la fraise ou une glace au citron ? *Garçon* : Je veux une glace à la fraise, s'il te plaît. *Fille* : Bravo !! un jeton. Quand tu es dans le panier, tu comptes tes jetons. Après tu joues sur le cahier de ton amie. Qui a gagné ?

Raconte une histoire qui se passe dans une rue... une rue du Sucre ! Qu'est-ce que tu aimes ?

• Unité 5

Activité numéro 1 Regarde tous les jeux. Colorie tous les jeux que tu connais. Qu'est-ce que c'est ? Dans le jardin, Étienne cherche son jeu : il monte en haut du toboggan... il va sur le toboggan... En bas, il passe devant la balançoire... et à gauche du tourniquet. Il passe sous l'élastique... et à droite du but de football... Et il va derrière l'arbre... Youpi !!!! Dessine le chemin d'Étienne et colorie en rouge son jouet.

Activité numéro 2 Tu aimes jouer à quoi dedans ? Et dehors ? Dessine. Qu'est-ce que c'est ?

Activité numéro 3 Dessine le nombre de billes gagnées. Fille : 10. Garçon : 19 ! Gagné !

Activité numéro 4 Fabrique une cocotte en papier. Colorie les triangles et dessine des jeux dedans. Et tu joues avec des amis : Combien en veux-tu ? Tu veux quelle couleur ? Tu joues à quoi ? Avec qui es-tu ?

Raconte une histoire avec des jeux. Où est-ce ?

• Unités 6 et 7

Activité numéro 1 Regarde les deux dessins. Qu'est-ce qu'elle a la dame dans son panier ?

Activité numéro 2 Le jeu des dominos des fruits et des légumes. Regarde le jeu des dominos. Tu as compris ? Complète les cases. Qu'est-ce que tu as dessiné ?

Activité numéro 3 Le jeu de « je fais » et « j'ai fait ». Regarde les cases. Colorie en vert les cases « je mange, tu joues, elle dessine, il danse ». Colorie en marron les cases « j'ai mangé, tu as joué, elle a dessiné, il a dansé ». Après, tu joues comme pour le jeu du jour, du soir et de la nuit : 1 point pour une case verte et 2 points pour une case marron. On joue 8 fois. Avec qui tu joues ?

Activité numéro 4 Regarde Lili. Barre ce qui est faux. Pourquoi ?

Activité numéro 5 « Le train légumes et le bateau fruits ». Regarde. Pour le train, il faut un concombre, une carotte, une tomate et des radis. Pour le bateau, il faut une banane, une pomme, une sucette et des fraises ou des cerises. Comment il faut faire ? Cherche... Et tu manges !

Raconte une histoire qui se passe au marché.

• Unité 8 Qu'est-ce que tu sais ?

Activité numéro 1 Regarde toutes les images de l'histoire « Il était une fois... un marchand de sable ». Cherche et écris le bon numéro. Raconte l'histoire.

Activité numéro 2 Qui est-ce ? Quand tu sais, tu colories et tu dis : « Qui est-ce ? » Qu'est-ce qu'ils disent ?

Activité numéro 3 Qu'est-ce que c'est ? Quand tu sais, tu colories et tu dis : « Qu'est-ce que c'est ? »

Activité numéro 4 Où est-ce ? Quand tu sais, tu colories et tu dis : « Où est-ce ? » Où sont Léo ? Lili ? Étienne ? Pauline et Léa ?

Activité numéro 5 C'est quand ? Alors c'est comment ? Bravo !!! Super !!!! Au revoir ! À bientôt !

Illustrations : Isabelle RIFAUX

Mise en page : TYPO-VIRGULE

Couverture : Christian SCHEIBLING

N° d'éditeur : 10162833 - CGI

Impression : Nouvelle Imprimerie LABALLERY - 58500 Clamecy - N° impression : 911171 - dépôt légal : janvier 2010